NOVVEAV RECVEIL DE DIVERSES POESIES.

DV SIEVR THEOPHILE,

La pluſpart faictes durant ſon Exil.

Auec ſa Plainte à vn ſien Amy, pendant ſon abſence.

A ROVEN,

Chez Claude le Vilain, demeurant à la ruë du Bec, à la bonne Renommée.

M. DC. XXIIII.

A MONSIEVR
MESSre. SARRANT DE LALAN
Seigneur de Vilandraut, Viconte
de Poumiers, & President au
Parlement de Bourdeaux.

MONSIEVR,

Monsieur Theophile m'ayant tesmoigné par vne Lettre, qu'il m'a fait l'honneur de m'escrire, qu'il aura agreable que i'imprime de ces pieces, lors qu'elles me tomberont en main : Fortifié de cét aduen, ie me suis pené d'en recouurer quelque nombre, que luy mesme auoit baillées à diuers de ses amis, pour icelles mettre sur la presse, & les faire voir au public, releuant de peine les curieux qui se trauailloient beaucoup à les ramasser. I'ay donc fait ce recueil, Monsieur, pour le contentement de plusieurs, m'asseurant qu'il sera mieux receu d'vn chacun si vous luy faites l'honneur de le voir de bon œil, ce que ie m'asseure vous ferez pour l'amour de son Autheur, & me croirez pour iamais

Monsieur,

Vostre tres-humble & affectionné seruiteur
G. Vernoy.

THEOPHILE
AV ROY,
sur son Exil.

CELVY qui lance le tonnerre,
Qui gouuerne les Elemens
Et meut auec des tremblemens
La grande masse de la terre:
Luy qui vous mit le Sceptre en main,
Qui vous le peut oster demain,
Luy qui vous preste sa lumiere,
Et vous sauue les fleurs de Lis
Des tombeaux & de la poussiere
De tant de Rois enseuelis.

Ce grand Dieu qui fist les abysmes
Dans le centre de l'vniuers,
Et qui les tient tousiours ouuers
A la punition des crimes,
Veut aussi que les innocens
A l'ombre de ses bras puissans
Trouuent vn asseuré refuge,
Et ne sera point irrité
Que vous tarissiez le deluge
Des maux où vous m'auez jetté.

Esloigné des bords de la Seine,
Et du doux climat de la Cour,
Il me semble que l'œil du jour
Ne me luit plus qu'auecques peine :
Sur le feste affreux d'vn rocher
D'où les Ours n'osent approcher.
Ie consulte auec les furies,
Qui ne font que solliciter
Mes importunes resueries
A me faire precipiter.

Auiourd'huy parmy les Sauuages
Où ie ne trouue à qui parler

Ma triste voix se perd en l'air,
Et dedans l'Echo des riuages
Au lieu des pompes de Paris
Où le peuple auecques des cris
Benist le Roy parmi les ruës,
Icy les accens des Corbeaux,
Et les foudres dedans les nuës
Ne me parlent que de tombeaux.

I'ay choisi loing de vostre Empire
Vn vieux desert où les Serpens
Boiuent les pleurs que ie respans,
Et soufflent l'air que ie respire:
Dans l'effroy de mes longs ennuis
Ie cerche incensé que ie suis
Vne Lionne en sa cholere,
Qui me deschirant par morceaux
Mette mon sang & ma misere
Dans la bouche des Lionceaux.

Iustes Cieux qui voyez l'outrage
Que ie souffre peu iustement,
Donnez à mon ressentiment
Moins de mal & plus de courage,

A

Dedans ce lamentable lieu
Fors que de souspirer à Dieu
Ie n'ay rien qui me diuertisse :
Iob qui fut tant homme de bien
Accusa le ciel d'injustice
Pour vn moindre mal que le mien.

Vous grand Roy, si sage, & si Iuste
Qu'on ne void point de Roy pareil,
Suiurez vous le mesme conseil
Qui fist jadis faillir Auguste ?
Sa faute offense ses nepueux
Et faict perdre beaucoup de vœux
Aux Autels qu'on doit à sa gloire,
Mesmes les Astres auiour d'huy
Font des plaintes à la memoyre
De ce qu'elle a parlé de luy.

Encore dit-on que son ire
L'auoit bien justement pressé,
Et qu'Ouide ne fust chassé
Que pour auoir ozé mesdire :
Moy dont l'esprit mieux arresté
D'vne si sotte liberté

Ne se trouue iamais capable
Aussi tost que ie fus banny
I'ay souhaitté d'estre coulpable
Pour estre justement puny.

 Mais iamais la melancholie
Qui trouble ces mauuais esprits
N'a faict paroistre en mes escrits
Vn pareil accez de folie,
Et si depuis le premier jour
Que mon deuoir & mon amour
M'attirerent à vos seruices,
Ie n'ay tout oublié pour eux,
Le Ciel pour chastier mes vices
Face vn enfer plus rigoureux.

 Ie n'ay point failli que ie sçache,
Et si i'ay peché contre vous
Le plus dur exil est trop doux
Pour punir vn crime si lasche,
Aussi quels lieux ont ce credit
Que pour vn acte si maudit
Chacun n'ait droit de m'y poursuiure?
Quel Monarque est si loing d'icy

Qui me vueille souffrir de viure
Si mon Roy ne le veut aussi?

Quoy que mes discours executent
Que feray-je en mon mauuais sort,
Qu'appliqueray-je que la mort
Aux malheurs qui me persecutent:
Dieu qui se plaist à la pitié,
Et qui d'vn sainct nœud d'amitié
Ioinct voz volontez à la sienne
Puis qu'il vous a voulu combler
D'vne qualité si Chrestienne
Vous oblige à luy ressembler.

Comme il faict à l'humaine race
Qui se prosterne à ses Autels
Vous ferez paroistre aux mortels
Moins de justice que de grace:
Durant le mal qui me poursuit
Ie fay des vœux pour qui me nuit
Que jamais vne telle foudre
N'esbranle l'establissement
De ceux qui vous ont faict resoudre
A signer mon bannissement.

Vn iour leurs haines appaisees
Feront caresse à ma douleur,
Et mes vers loing de mon malheur
Trouueront des routes aisees:
Si la clarté ne dure assez
Pour voir apres les maux passez
Vn ciel plus doux à ma fortune,
Mon ame ne rencontrera
Aucun soucy qui l'importune
Dans les vers qu'elle vous fera.

De la veine la plus hardie
Qu'Apollon ait iamais remply
Et du chant le mieux accomply
De sa parfaite melodie
Dessus la fueille d'vn papier
Plus durable que de l'acier
I'escriray pour vous vne image
Où des mots assez complaisans
Pour bien parler de mon ouurage
Manqueront à voz Courtisans.

Lors suiuant vne longue trace
De l'Histoire de tous noz Rois,

La Nauarre & le mont de Fois
S'eſtonneront de voſtre race,
Là les vieux pourtraits effacez
Dans mes Pyrenes retracez
Sortiront des vieilles Chroniques,
Et reſſuſcitez dans mes vers
Ils reuiendront plus magnifiques
En l'eſtime de l'Vniuers.

Depuis celuy que la fortune
Emmena ſi pres du Lyban,
Et ſoubs qui l'orgueil du Turban
Viſt faillir le front de la Lune,
Ie feray parler ces Rois morts,
Et renouuellant mes efforts
Dans le diſcours de voſtre vie
Ie feray ſi bien mon deuoir
Que la voix meſme de l'Enuie
Vous parlera de me reuoir.

A PHILIS.

STANCES.

MAISTRE absolu de mon enuie
Ie viuois loing de vos beautez:
Dans les plus douces libertez
Que la raison donne à la vie:
Mais les regards imperieux
Qu'Amour tire de vos beaux yeux
M'ont bien fait changer de nature,
Ha! que les violens desirs
Qui me donnent ceste aduanture
Furent traistres à mes desirs.

Le doux esclat de ce visage
Qui paroissoit sans cruauté,
Et des ruses d'vne beauté
Me sembloit ignorer l'vsage:
Me surprit d'vn si doux malheur
Et m'affligea d'vne douleur
Si plaisante à ma frenesie
Que i'aymay d'aller en prison,

B

Et desliurer ma fantasie
De l'empire de la raison.

Contre le coup inéuitable
Qui me mist l'Amour dans le sein
Ie ne sçay faire aucun dessein
Ny facile ny profitable,
Embrazé du feu qui me suit
Par tout où le Soleil me luit
Ie passe les monts Pyrenées,
Où les neiges que l'œil du iour
Et les foudres ont espargnées
Fondent au feu de mon amour.

Sur ces riuages où Neptune
Fait tant d'escume & tant de bruit
Où les flots d'vn vaisseau destruict
Font sacrifice à la Fortune,
I'inuoque les ondes & l'air,
Mais au lieu de me consoler
Les flots grondent à mon martyre,
Mes souspirs vont auec le vent,
Et mon pauure esprit se retire
Aussi triste qu'auparauant.

Mes langueurs mes douces furies
Quel Sort, quel Dieu, quel Element
Nous ostera l'aueuglement
De nos charmantes resueries?
La sombre horreur de ses forests
L'humidité de ces marests
Ceste effroyable solitude
Dont le Soleil auec ses pleurs
Prouoque en vain l'ingratitude
Que feroit-elle à mes douleurs?

Grands deserts, sablons infertiles
Où rien que moy n'ose venir,
Combien me deuez-vous tenir
Dans vos campagnes inutiles,
Chauds regards, amoureux baisers
Que vous estes dans ces deserts
Bien sensibles à ma memoire,
PHILIS, que ce bon-heur m'est doux,
Et que ie trouue de la gloire
A me ressouuenir de vous.

Enfin ie sçay que la tempeste
Me permettra d'ouurir les yeux,

Et que l'inimitié des Cieux
Me laissera leuer la teste:
Apres tous ces maux acheuez
Les faueurs que vous reseruez
A ma longue perseuerance
Reprocheront à mon ennuy
D'auoir creu que mon esperance
Me quitteroit plustost que luy.

 Au retour de ce long voyage
La terre en faueur de PHILIS
D'œillets, de Roses, & de Lis
Semera par tout mon passage,
Les Dieux en m'annonçant la paix
De leur nuage plus espais
Feront esuanouyr l'orage,
Et s'il me faut passer la mer
 Quelle vague aura le courage
Ny la force de m'abismer!

 Ce iour sera filé de soye
Le Soleil, par tout où i'iray
Laissera quand ie passeray
Des ombrages dessus ma voye:

Les Dieux à mon sort complaisans
Me combleront de leurs presens,
I'auray tout mon soul d'Ambrosie,
Les Déesses me viendront voir,
Au moins si vostre ialousie
Leur veut permettre ce deuoir.

Ceste longue course acheuée
Mon ame quittera le dueil
Si les tenebres du cercueil
Ne preuiennent mon arriuée,
A l'aise du premier abord
Lors que tous nos destins d'accord
Permettront que ie vous reuoye
Si ie n'ay pour me secourir
Des remedes contre ma ioye
Ie dois bien craindre de mourir.

Ie croy qu'à la faueur premiere
Que vos regards me ietteront
Mes esprits rauis quitteront
Le doux object de la lumiere:
C'est tout vn, i'ayme bien mon sort
Et les cruautez de la mort

N'ont point de si fascheuse geine
Que des Rois ne voulussent bien
Se trouuer dans la mesme peine
Pour vn mesme honneur que le mien.

SVR SON PASSAGE
de Calais à Douure.

STANCES.

PARMY ce promenoir sauuage
I'oy bruire les vents & les flots,
Attendant que les Matelots
M'emportent hors de ce riuage,
Icy les rochers blanchissans
Du choc des ondes gemissans
Herissent leurs masses cornuës
Contre la cholere des airs,
Et presentent leurs testes nuës
A la menace des esclairs.

J'oy sans peur l'orage qui gronde
Et fut-ce l'heure de ma mort
Ie suis prest de quitter le port
En despit du Ciel & de l'onde,
Ie meurs d'ennuy dans ce loisir
Car vn impatient desir
De reuoir les pompes du Louure
Trauaillent tant mon souuenir
Que ie brusle d'aller à Douure
Tant i'ay haste de reuenir.

Dieu de l'onde vn peu de silence
Vn Dieu fait mal de s'esmouuoir,
Fais moy cognoistre ton pouuoir
A corriger ta violence :
Mais à quoy sert de te parler
Esclaue du vent & de ler,
Monstre confus, qui de nature
Vuide de rage & de pitié
Ne monstres que par aduanture
Ta haine ny ton amitié.

Nochers qui par vn long vsage
Voyez les vagues sans effroy,

Et qui cognoissez mieux que moy
Leur bon ou leur mauuais visage
Dites-moy, le Ciel foudroyant
Les flots de tempeste aboyant
Les flancs de ces montagnes grosses
Sont-ils mortels à vos vaisseaux?
Et sans applanir tant de bosses
Pourray-ie bien courir ces eaux?

Allons Pilote où la fortune
Pousse mon genereux dessein,
Ie porte vn Dieu dedans le sein
Mille fois plus grand que Neptune:
Amour me contrainct de partir
Et d'eust Thetis pour m'engloutir
Ouurir mieux ses moites entrailles,
Cloris m'a sçeu trop enflammer.
Pour craindre que mes funerailles
Se puissent faire dans la Mer.

O mon Ange! ô ma destinée?
Qu'ay-ie fait à cét Element
Qu'il garde si cruellement
Contre moy sa rage obstinée?

Ma Cloris ouure icy tes yeux
Lance vn de tes regards aux Cieux
Tu dissiperas leur nuage,
Et pour l'amour de ta beauté
Neptune n'aura plus de rage
 Que pour punir sa cruauté.

Desia ces montaignes s'abaissent
Tous leurs sentiers sont aplanis,
Et sur des flots si bien vnis
Ie voy des Alcions qui naissent,
Cloris que ton pouuoir est grand
La fureur de l'onde se rend
A la faueur que tu m'as faite,
Que ie vay passer doucement,
Et que le bruit de la tempeste
Me donne peu de pensement.

Ia l'Aurore leue & Zephire
Auec vn souflement leger
Enfle la voile & fait nager
Le lourd fardeau de la Nauire:
Mais quoy, le Ciel n'est plus si beau,
La tempeste reuient dans l'eau,

Dieux que la Mer est infidelle:
Chere Cloris si ton amour
N'auoit plus de constance qu'elle
Ie mourrois auant mon retour.

A CLORIS.

STANCES.

S'IL est vray Cloris que tu m'aymes,
Mais i'entens que tu m'aimes bien,
Ie ne croy pas que les Rois mesmes
Ayent vn heur comme le mien,
Que la mort seroit importune
De venir changer ma fortune
A la felicité des Dieux,
Leur Nectar & leur Ambrosie
Me donnent peu de ialousie
Au pris des graces de tes yeux.

Sur mon ame il m'est impossible
De passer vn iour sans te voir,

Qu'auec vn torment plus sensible
Qu'vn damné n'en sçauroit auoir,
Le sort qui menaça ma vie
Quand les cruautez de l'enuie
Me firent esloigner du Roy,
M'exposant à tes yeux en proye
Me donna cent fois p'us de ioye
Qu'il ne m'auoit donné d'effroy.

Que ie me plais dans ma misere,
Que i'aime mon bannissement,
Mes ennemis ne valent guere
De me traitter si doucement,
Cloris prions que leur malice
Face bien durer mon supplice,
Ie ne veux plus partir d'icy
Quoy que mon innocence endure
Pourueu que ton amour me dure
Que mon exil me dure aussi.

Ie iure l'Amour & sa flamme
Que les doux regards de Cloris
Me font desià trembler dans l'ame
Quand on me parle de Paris,

Insensé ie commence à craindre
Que mon Prince me va contraindre
De souffrir que ie sois remis,
Vous qui le mites en colere
Si vous l'empeschez de le faire
Vous n'estes plus mes ennemis.

Toy qui si viuement pourchasses
Les remedes de mon retour
Prens bien garde, quoy que tu faces
De ne point fascher mon amour,
Arreste vn peu rien ne me presse
Ton soing vaut moins que ta paresse
Me bien seruir c'est m'affliger,
Ie n'en crains que la diligence
Et prepare de la vengeance
A qui tasche de m'obliger.

Il te semble que c'est vn songe
D'entendre que ie m'aime icy,
Et que le chagrin qui me ronge
N'est point vn amoureux soucy,
Tu penses que ie ne respire
Que de sçauoir ou va l'Empire,

Que

Que deuient ce peuple mutin,
Et quand Rome se doit resoudre
A faire partir vne foudre
Qui consomme le Palatin.

Toutes ces guerres insensées
Ie les trouue bien à propos,
Ce ne sont point là les pensées
Qui s'oposent à mon repos,
Quelques maux qu'apportët les armes
Vn Amant verse peu de larmes
Pour fleschir le courroux Diuin:
Pourueu que Cloris m'accompagne
Il me chaut peu que l'Alemagne
Se noye de sang ou de vin.

Et combien qu'vn appas funeste
Me traine aux pompes de la Cour
Et que tu sçais bien qu'il me reste
Vn soing d'y retourner vn iour,
Quoy que la fortune appaisée
Se rendit à mes vœux aisée
Auiourd'huy, ie ne pense pas
Soit-il le Roy qui me rapelle

C

Que ie puisse m'esloigner d'elle
Sans trouuer la mort sur mes pas.

   Mon esprit est forcé de suiure
L'Aimant de son diuin pouuoir,
Et tout ce que i'appelle viure
Est de luy parler & la voir,
Quand elle me faict bon visage
Les tempestes sont sans nuage,
L'air le plus orageux est beau,
Ie ry quand le tonnerre gronde,
Et ne croy pas que tout le monde
Soit capable de mon tombeau.

   Mais la felicité plus rare
Qui flatte mon affection,
C'est que Cloris n'est point auare
De caresse & de passion:
Le bon-heur nous tourne en coustume,
Nos plaisirs sont sans amertume,
Nous n'auons ny courroux ny fard:
Nos trames sont toutes de soye
Et la Parque apres tant de ioye
Ne les peut acheuer que tard.

ESCHANTILLON
DE LA PIECE,

Sur la mort de Socrate.

MOY qui dans la cité d'Athenes
Visitay Socrate en prison,
Et qui vis comme le poison
Acheua ses dernieres peines :
Ie t'adiure par le discours
Dont il voulut finir ses iours
De le voir peint dans mon ouurage,
Où il fait aussi peu d'effort
Que fit ce genereux courage
Dans les atteintes de la mort.

Quelques Dieux comme par enuie
Le voyant si bien resonner
Apres l'auoir faict condamner
Alongerent vn peu sa vie
Afin que la mort eust loisir

Au parauãnt de le saisir
De se peindre plus effroyable,
Et sans cesser luy discourir
De son Arrest impitoyable
Pour le faire long temps mourir.

Vne aduanture inopinée
Tentant sa resolution
Laissa sans execution
La sentence desia donnée:
Ce Nauire qui dure tant
Ou Thesée mit en partant
Quelques voiles noires & blanches,
Qui rendu mille fois nouueau
Et changé de toutes ses planches
Est encor le mesme vaisseau.

D'vne Religion fidelle
Ce Nauire auec des presens
Partoit d'Athenes tous les ans
Pour faire son voyage en Dele,
En l'attente de son retour
Les Arrests mortels de la Cour
Retenoient leur sanglant tonnerre,

Et ne donnoient iamais la mort
Au plus coulpable de la terre
Que le vaisseau ne fust au port.

Ce Nauire estoit lors sur l'onde
Et pendant son esloignement
Socrate sans estonnement
Attendoit à sortir du monde,
Dans ses importunes langueurs
Encore parmy les rigueurs
De la Iustice inexorable
Il m'estoit permis de le voir
Et d'vn confort peu secourable
Luy rendre mon dernier deuoir!

Quelques vns que les mœurs & l'âge
Attachoient à son amitié,
Par vn mesme effort de pitié
Luy rendoient mesme tesmoignage,
Tous à l'object de son ennuy
Estoient moins resolus que luy,
Et consolez en sa parole
Le voyant sec parmy nos pleurs
Comme moy venoient à l'escole

C 3

Pour bien viure dans les malheurs.

Tous les iours dans cest exercice
Il nous enseignoit de mourir,
Sans perdre temps de discourir
Des cruautez de la Iustice :
A la fin, quand le iuste cours
De ses incomparables iours
Fut acheué par les Estoilles
Le peuple sur le bord de l'eau
Reuist blanchir les tristes voiles
Et moüiller l'ancre du vaisseau.

Le iour venu que la nature auare
Redemandoit vne chose si rare,
Et que la loy pressante du destin
Deuoit la proye à l'infernal mastin
Sans espargner non plus ceste belle ame
Que le plus sot du populaire infame,
Nous reuenus pour la derniere fois
A l'entretien d'vne si douce voix (me
Ce cœur diuin se tint tousiours plus fer-
Lors qu'il se vist plus proche de son ter-
me.

Sās que l'horreur de sō trespas certain
Y fit paroistre vn mouuement humain,
L'esprit plº fort voyāt sa derniere heure
Et qu'on le presse à chāger de demeure,
S'il n'est celeste, ou tout à fait brutal (tal
Quoy qu'il discoure il craint le coup fa-
Il falloit bien que la diuine essence
Au grād Socrate eust dōné la naissāce,
Vn sens humain n'est iamais assez fort
Pour se resoudre à soustenir la mort:
Luy dans l'object de sa fin toute proche
D'vn front de marbre, & d'vne ame
    de roche,
Monstroit de l'œil du geste & du propos
Qu'il demeuroit dās vn profōd repos.
                    (martire
Et que pour voir des pleurs à mon
Il eust fallu quelque chose de pire,
Et ne souffrit iamais dans la prison
Qu'vn seul souspir fist hōte à sa raison:
A ses genoux sa femme desolée
Les yeux troublez, affreuse, escheuelée,
Qui ne pouuoit à force de douleurs
Se soulager d'vne goutte de pleurs,

Tenant le fils unique de Socrate,
Luy reprochât un ame plus qu'ingrate,
De ne laisser sortir du mouuement
A tous les siens un souspir seulement :
Mô cher espoux Socrate, disoit-elle, [le ?
Pourquoi ne m'est cet' heure aussi mortel-
Helas! apres que le dernier sommeil
T'aura priué des clartez du Soleil.

PROTESTATION D'AMITIÉ.

JE jure le iour qui me luict,
 Et la froide horreur de la nuict
Ou ma tristesse me conuie,
 Que le temps de mon amitié
 Doit plus durer de la moitié
Que ne fait celuy de ma vie.

 Alors que mon supréme iour
 M'aura porté dans le sejour
Des ames mieux fauorisées,

Mon amour versera des pleurs
Qui feront naistre mille fleurs
Dans les campagnes Elisées.

Ce doux & ce poignant soucy,
Le mesme qui me touche icy
Reuiura dans mon ame morte,
Et les esprits qui me verront
Approchant mon feu iureront
Qu'ils n'en ont point veu de la sorte.

Apres-moy d'vn appas flateur
Quelque infidelle Seruiteur
Surprendra ton esprit nouice,
Ses desirs te feront la Loy,
Mais tu n'as pas assez de foy
Pour songer plus à mon seruice.

Ie te coniure par tes yeux
Que j'aime, & que i'honore mieux
Ny que le Ciel, ny que la terre,
Tost ou tard de t'en repentir,
Car le Ciel te feroit sentir
Quelque pointe de son tonnerre.

ODE.

PLAIN d'ardeur & d'obeyssance
　Enuers la maiesté d'Amour,
Et maistrisé de la puissance
Du plus doux object de la Cour,
I'ay quitté le plaisant sejour
Où le Ciel me donna naissance.

　Les prez, les arbres, les fontaines
N'ont pour moy rien de gracieux,
Ie trouue les amorces vaines
Et ne puis destourner mes yeux
De cét object delicieux
D'où l'amour fait venir nos peines.

　Autres-fois i'aymay la lumiere
Et lors qu'vn beau Soleil riant
Couuroit l'azur d'vne riuiere
Des richesses de l'Orient,
Ie saluois tout en priant
Les rais de sa clarté premiere.

Mais depuis vne douce flamme
Dont Amour m'est venu saisir,
I'ay changé les vœux de mon ame
Vn plus bel astre est mon desir,
Et l'object de tout mon plaisir
Sont les yeux d'vne belle Dame.

Autres-fois i'aymay la peinture,
Et l'esmail des viues couleurs
Dont la terre a sa couuerture
Quand l'Aurore auecques ses pleurs
Baigne le sein de tant de fleurs
Que luy presente la Nature.

Maintenant ce plaisir sauuage
M'est plus aigre que mon tourment,
I'ay les fleurs d'vn iardinage
Et depuis que ie fus amant
Ie n'aymay plus tant seulement
Que les lis de ce beau visage.

O Deserts ie vous abandonne,
Vostre sejour est trop hideux,
L'horreur de vos forests m'estonne

C'eſt dans la Cour où ie me veux,
Et c'eſt, ô Reyne de mes vœux
A vos beautez que ie me donne.

DE L'AVRORE.

ODE.

L'AVRORE ſur le poinct du iour
Seme l'azur, l'or, & l'yuoire,
Et le Soleil laſſé de boire
Commence ſon oblique tour.

Ses cheuaux au ſortir de l'onde
De flamme & de clarté couuers,
La bouche & les nazeaux ouuers
Ronflent la lumiere du monde.

Ardans ils vont à nos ruiſſeaux,
Et deſſous le ſel & l'eſcume,
Boiuent l'humidité qui fume,
Si toſt qu'ils ont quitté les eaux.

La

La Lune fuyt deuant nos yeux,
La nuict a retiré ses voilles,
Peu à peu le front des Estoilles.
S'vnit à la couleur des Cieux.

Le Soleil change de sejour,
Il penetre le sein de l'onde,
Et par l'autre moitié du monde
Pousse le chariot du iour.

Desià la diligente Auette
Boit la Mariolaine & le Thym,
Et reuient riche du butin
Qu'elle a prins sur le mont Hymette.

Ie vois le genereux Lyon
Qui sort d'vne cauerne creuse,
Herissant sa perruque affreuse
Qui fait fuyr Endimion.

Sa Dame entrant dans les bocages
Conte les Sangliers qu'elle a pris,
Où deuale chez les espris,
Errans aux sombres marescages.

D

Ie voy les agneaux bondissans
Sur ces bleds qui ne font que naistre,
Cloris chantant les meine paistre
Parmy ces costaux verdissans.

Les Oyseaux d'vn ioyeux ramage
En chantant semblent adorer
La lumiere qui vient dorer
Leur cabinet & leur plumage.

Le pré paroist en ses couleurs,
La Bergere aux champs reuenuë
Moüillant sa jambe toute nuë
Foule les herbes & les fleurs.

La charruë escorche la pleine,
Le Bouuier qui suit les sillons
Presse de voix & d'éguillons
Le couple de Bœufs qui l'entraine.

Alis appreste son fuseau,
Sa Mere qui luy faict la tasche
Presse le chanvre qu'elle attache
A sa quenoüille de roseau.

Vne confuse violence
Trouble le calme de la nuict,
Et la lumiere auec le bruit
Dissipent l'ombre & le silence.

Alcidor cerche à son recueil
L'ombre d'Iris qu'il a baisée,
Et pleure en son ame abusée
La fuitte d'vn si doux sommeil.

Les bestes sont dans leur tanniere
Espouuantées du Soleil,
L'homme remis par le sommeil
Reprend son œuure coustumiere.

Le Forgeron est au fourneau,
Oy le charbon comme il s'allume,
Le fer rouge dessus l'enclume
Estincelle soubs le marteau.

Ceste chandelle semble morte
Le iour l'a faict esuanoüyr,
Le Soleil vient nous esblouyr
Voy qu'il passe au trauers la porte.

Il est iour, leuons nous Philis,
Allons à nostre jardinage,
Voir s'il est comme ton visage
Semé de Roses & de Lys.

CONTRE L'HYVER.

ODE.

PLEIN de cholere & de raison,
  Contre toy barbare saison,
Ie prepare vne rude guerre:
Malgré les loix de l'Vniuers,
Qui de la glace des Hyuers
Chassent les flammes du tonnerre,
Aujourd'huy l'ire de mes vers
Des foudres contre toy desserre.

Ie veux que la posterité,
Au rapport de la verité
Iuge ton crime par ma hayne:
Les Dieux qui sçauent mon malheur

Cognoissent qu'il y va du leur,
Et d'une passion humaine
Participans à ma douleur
Promettent d'alleger ma peine.

   La Parque retranchant le cours,
De tes Soleils, bien que si cours,
Bien que nuict sur toy ne deuide
Puisse-tu perdre tes habits,
Et ce qu'au parc de nos brebis
Peut souhaitter le Loup auide
T'arriue, & tous les maux d'Ibis
Comme les souhaittoit Ouide.

   Cerez ne voit point sans fureur
Les miseres du laboureur
Que ta foudre a fait resoudre
A brusler mesme les forests,
Les champs ne sont que de marests,
L'Esté n'espere point de moudre
Le reuenu de ses guerets,
Car il ne trouuera que poudre.

   Tous nos arbres sont despoüillez

www.ingramcontent.com/pod-product-compliance
Lightning Source LLC
Chambersburg PA
CBHW060525050426
42451CB00009B/1169